KISS
MY
ASS

HIGH
FUCK

LIFE
IS A
BITCH

Fuck
Off

WHAT
IN THE
ACTUAL
FUCK?

WTF

HOLY FUCKSHIT

YOU
ARE
AMAZING
BITCH

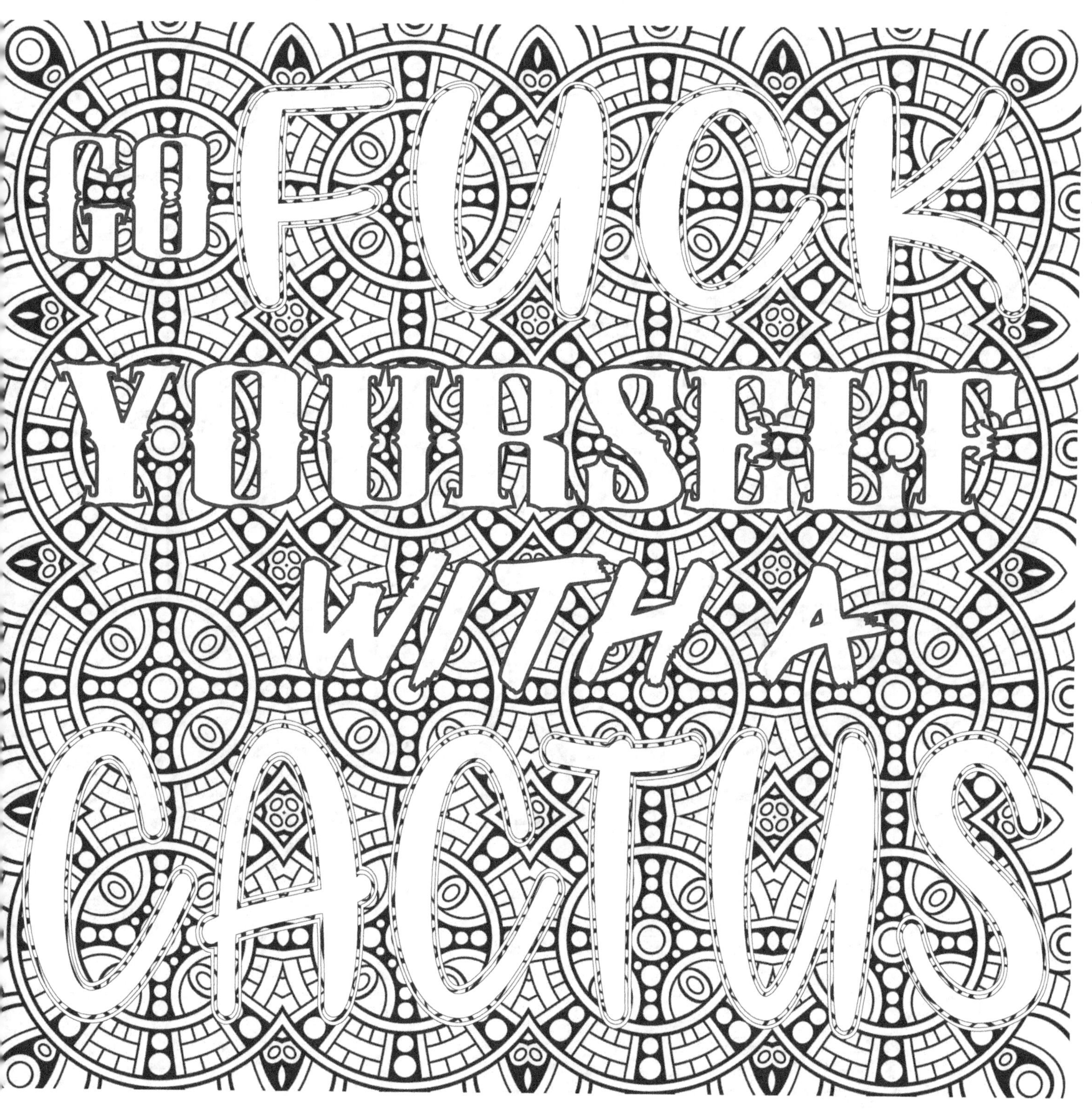

GO FUCK
YOURSELF
WITH A
CACTUS

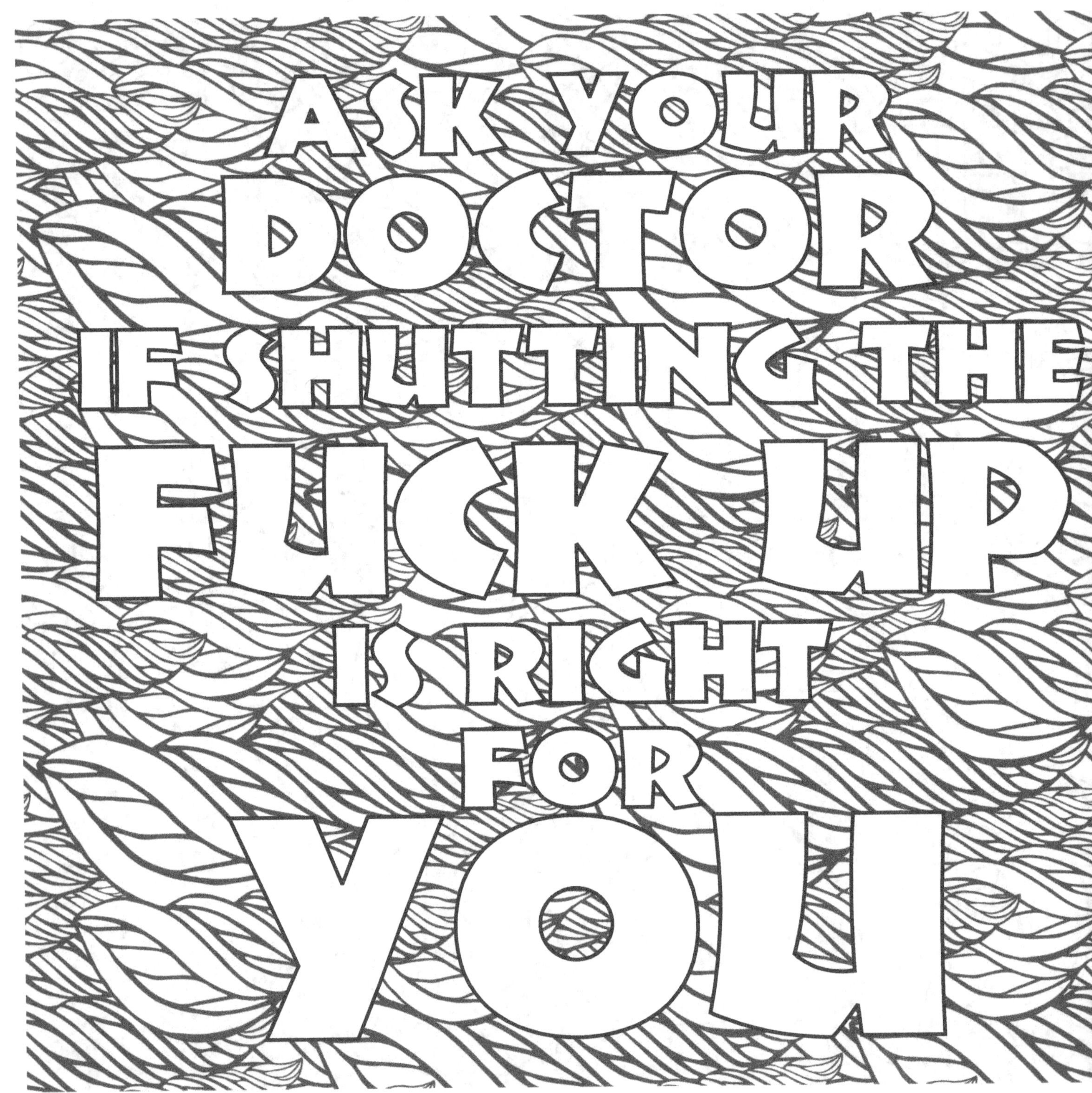

ASK YOUR DOCTOR IF SHUTTING THE FUCK UP IS RIGHT FOR YOU

DUMBFUCK

I JUST
FUCK
LIKE A
COMMA

I DON'T
GIVE A
DAMN
DAMN

CHILL
THE
FUCK
OUT

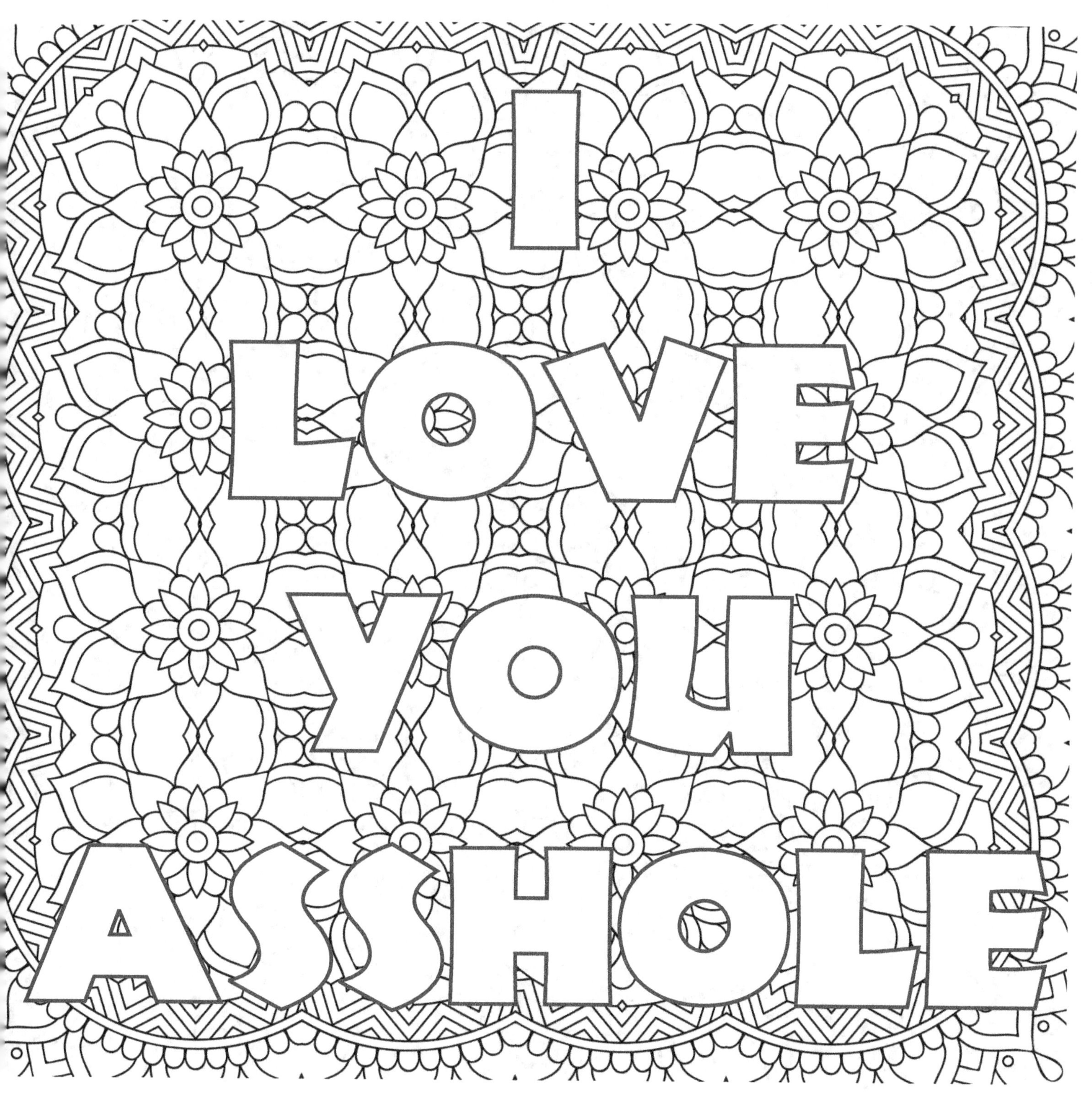
I
LOVE
YOU
ASSHOLE

I AM FUCKING
AWESOME

EAT
A BAG OF
DICKS

CLUSTER
FUCKER

Eat
SHIT
RIGHT NOW

Fuck
of you

PIECE
OF
SHIT

CHEER
THE
FUCK UP

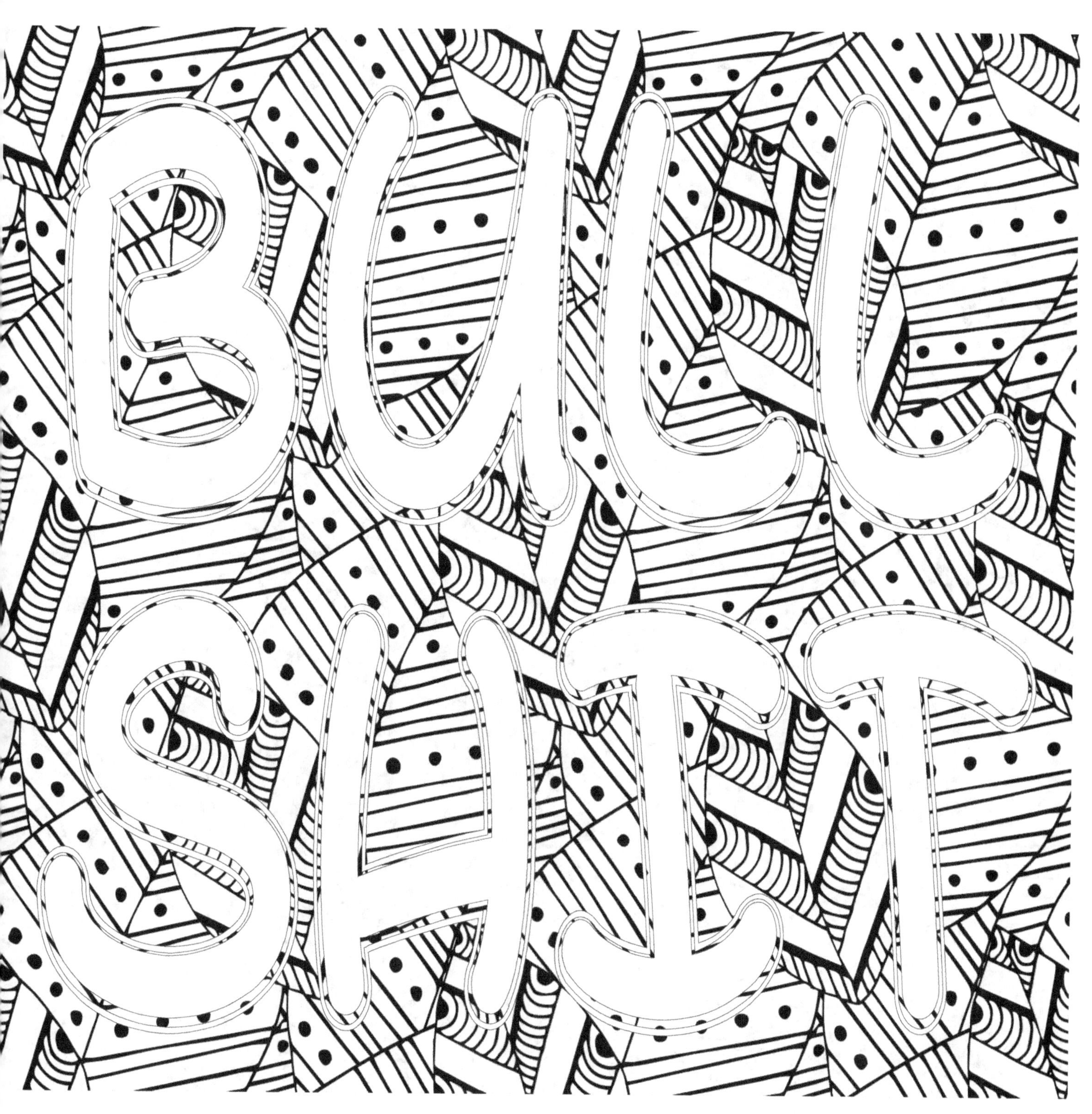
BULL
SHIT

FUCK THE
FUCKING
FUCKERS

BOSS
ASS
BITCH

YOU
FUCKING
SERIOUS?

BASTARD
BASTARD
BASTARD
BASTARD

HEY
FUCKER
MISS ME?

DOUCHE BAG

FUCK
THIS
SHIT

SCREW
YOU
ASSHOLE

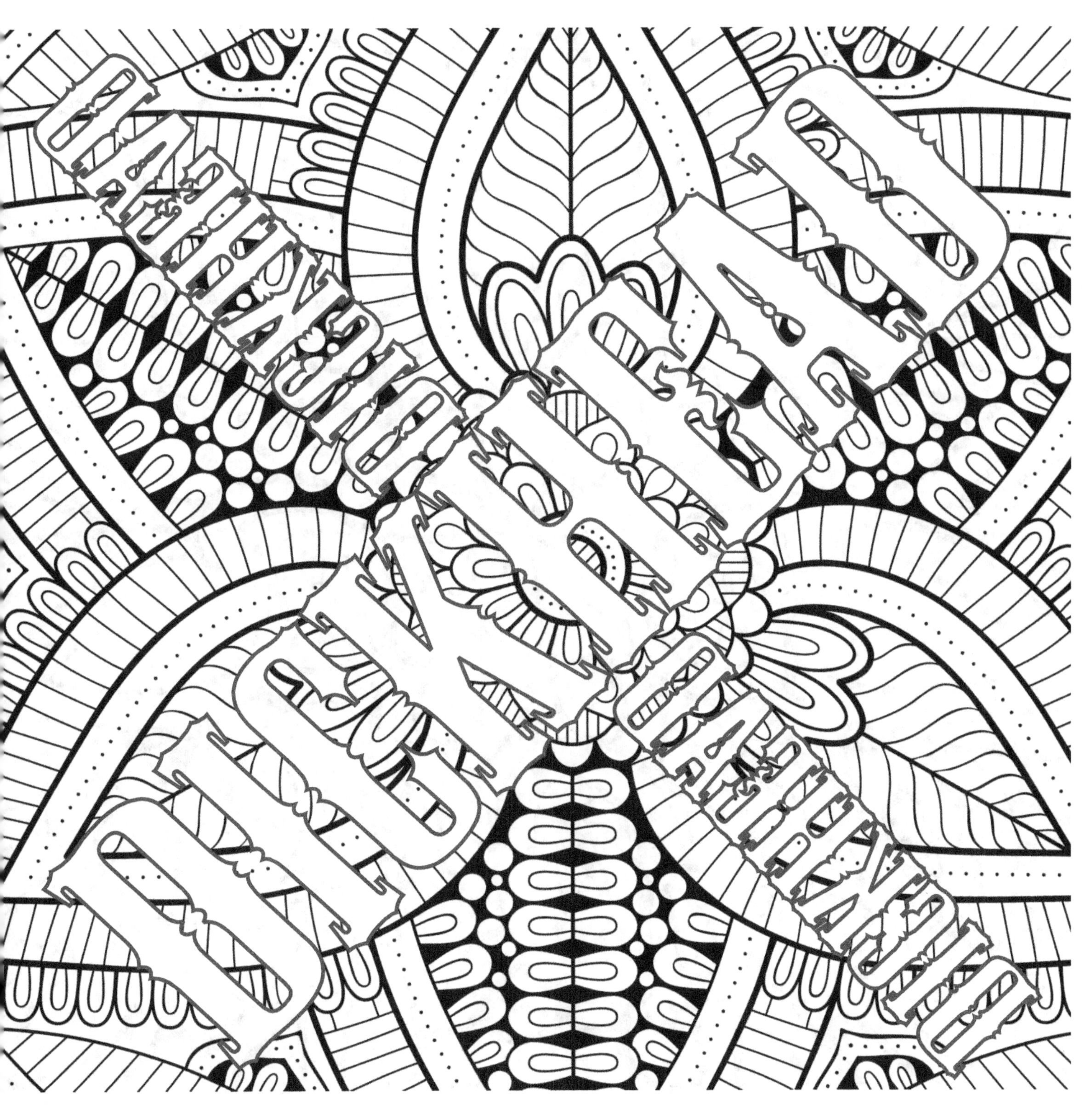

YOU
ARE A
BADASS

FUCKING
BELIEVE
IN YOUR
DREAMS

KINDLY
FUCK
YOURSELF

I
Don't
TRUST
you
ASS

SHITBALLS
SHITBALLS

BITCH
PLEASE

FUCK
LOVE

BEACH
LIFE

GREAT FUCKING DAY

Let's
Fuck
Now

FUCK
the
depression

It
Doesn't
FUCKING
Matter

YOU
ARE A
SPECIAL
KIND OF
STUPID

GO
TO
HELL
BITCH!

BITCHES
DON'T
PLAY

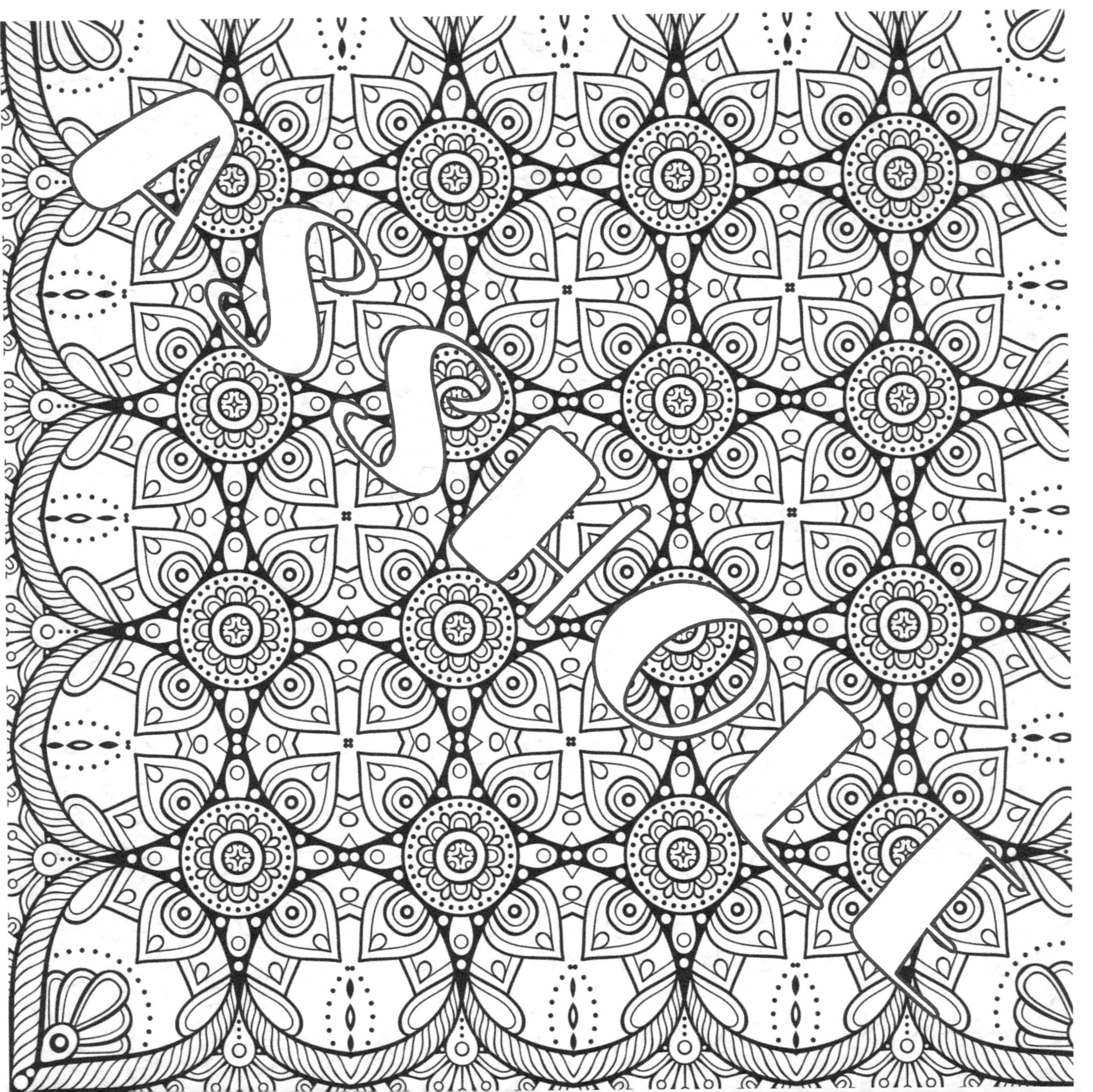

ASSHOLE

IT'S FUCKING COMPLICATED & FUCKING EXPLICATED %$#@+

DON'T
BE A
DICK
NOODLE

EAT
SHIT
AND
DIE

BE KIND
BECOME A
FUCKSOME
FUCKING
AWESOME

LEAVE
ME THE
FUCK
ALONE

ART
OF
giving a
FUCK

YOU
ARE
AMAZING AS
FUCK